Impressum
Verlag: BABADADA GmbH, Nedderfeld 112 , 22529 Hamburg
Geschäftsführer / Verlagsleitung: Harald Hof
Druck: Books on Demand GmbH, In de Tarpen 42, 22848 Norderstedt

Imprint
Publisher: BABADADA GmbH, Nedderfeld 112 , 22529 Hamburg, Germany
Managing Director / Publishing direction: Harald Hof
Print: Books on Demand GmbH, In de Tarpen 42, 22848 Norderstedt, Germany

学校

школа

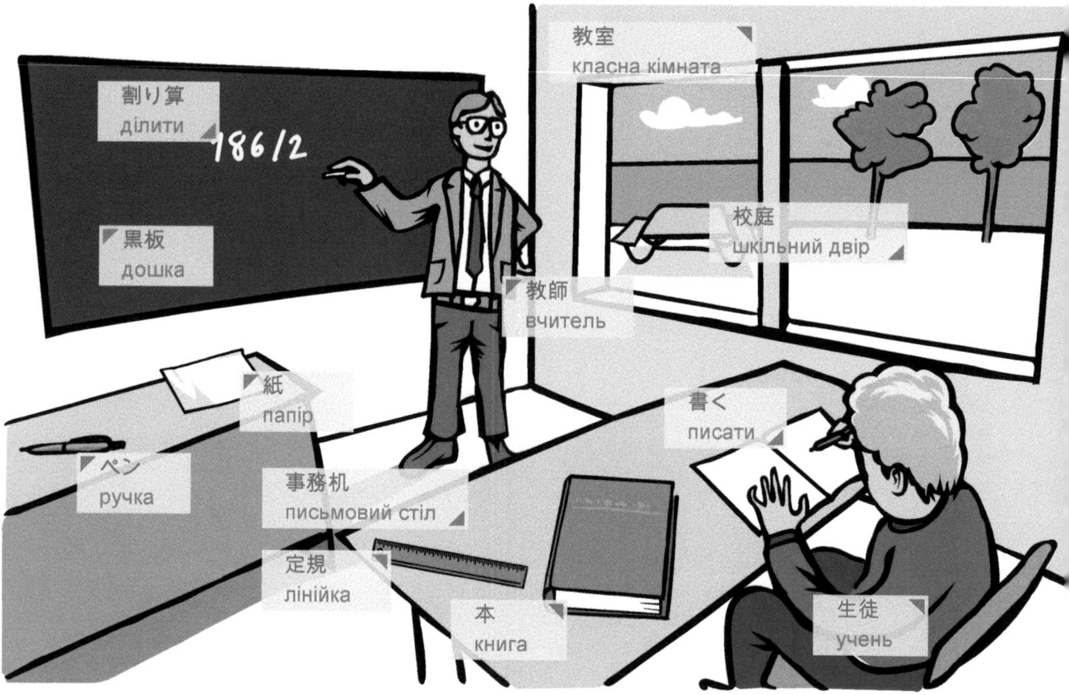

教室
класна кімната
割り算
ділити
186/2
黒板
дошка
校庭
шкільний двір
教師
вчитель
紙
папір
書く
писати
ペン
ручка
事務机
письмовий стіл
定規
лінійка
本
книга
生徒
учень

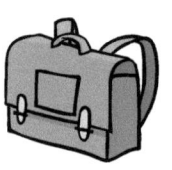

ランドセル

ранець

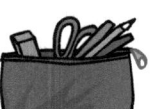

筆入れ

пенал

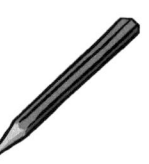

鉛筆

олівець

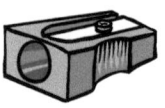

鉛筆削り

точило

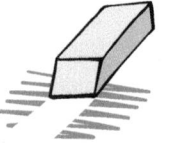

消しゴム

гумка

スケッチブック

альбом для малювання

スケッチ

малюнок

絵筆

пензель

絵の具箱

коробка фарб

はさみ

ножиці

接着剤

клей

練習帳

зошит

宿題

домашнє завдання

数

число

足し算

додавати

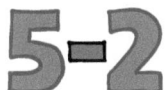

引き算

віднімати

かけ算

множити

計算する

рахувати

文字

літера

アルファベット

абетка

単語

слово

テキスト

текст

読む

читати

チョーク

крейда

授業

година

学級日誌

класний журнал

試験

екзамен

通知表

диплом

制服

шкільна форма

教育

освіта

百科事典

лексикон

大学

університет

顕微鏡

мікроскоп

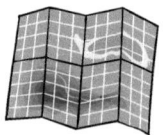

地図

карта

ごみ箱

кошик для паперу

旅行

подорож

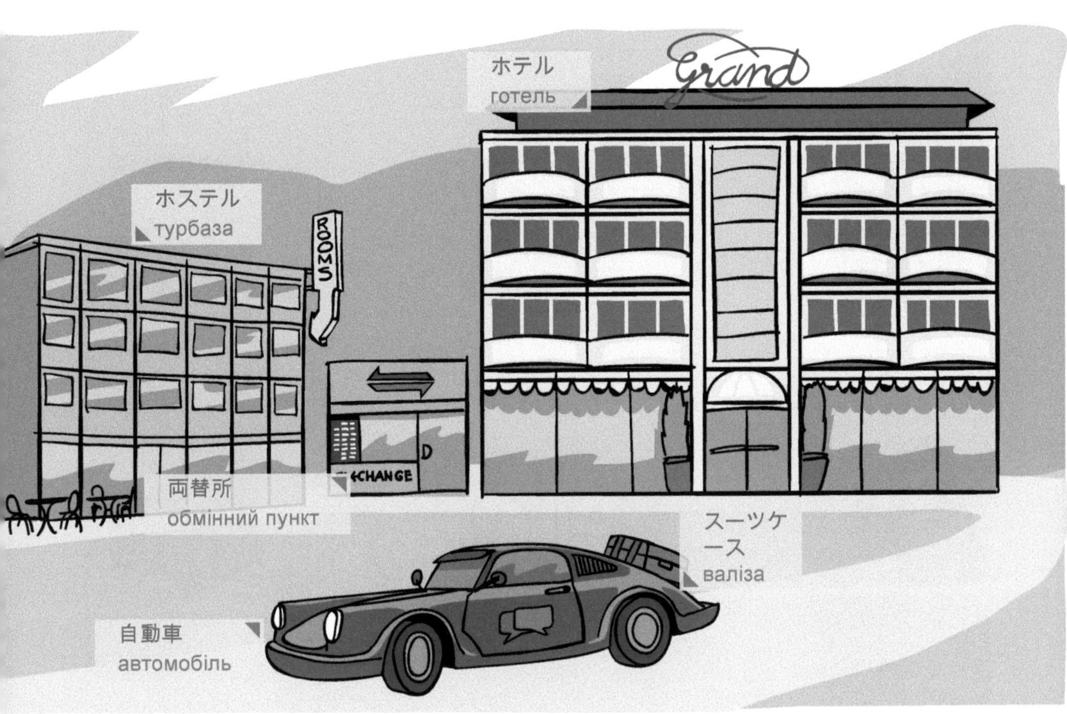
ホテル
готель
Grand
ホステル
турбаза
ROOMS
両替所
обмінний пункт
スーツケース
валіза
自動車
автомобіль

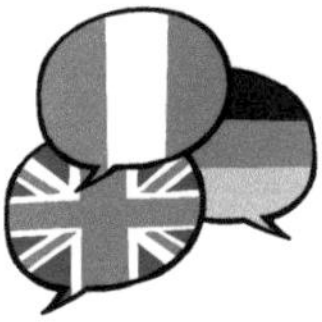

言語

мова

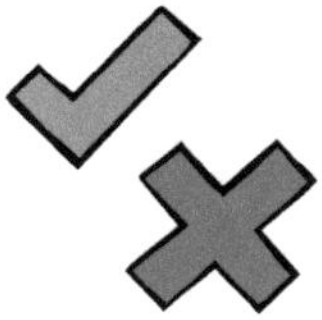

はい / いいえ

так / ні

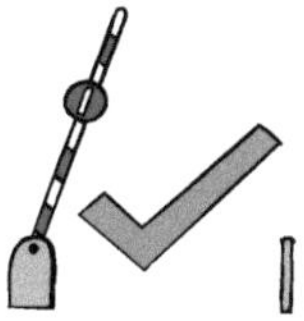

問題ない

добре

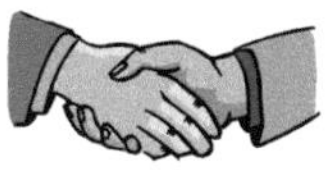

ハロー

привіт

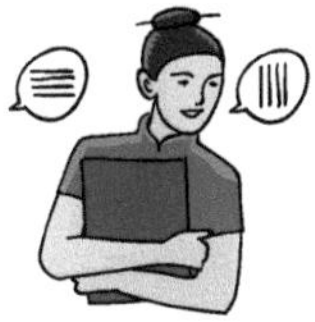

翻訳者

перекладач

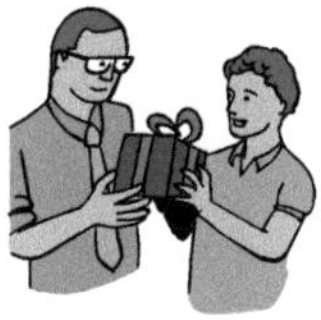

ありがとう

дякую

…はいくらですか？

Скільки коштує …?

わかりません

Я не розумію

問題

проблема

こんばんは！

Добрий вечір!

おはようございます！

Доброго ранку!

おやすみなさい！

На добраніч!

さようなら

До побачення

方向

напрямок

手荷物

багаж

バッグ

сумка

リュックサック

рюкзак

お客様

гість

部屋

кімната

寝袋

спальний мішок

テント

намет

旅行者情報

туристична інформація

ビーチ

пляж

クレジットカード

кредитна картка

朝食

сніданок

昼食

обід

夕食

вечеря

チケット

квиток

エレベーター

ліфт

スタンプ

поштова марка

境界

межа

税関

митниця

大使館

посольство

ビザ

віза

パスポート

паспорт

旅行 - подорож

輸送

транспорт

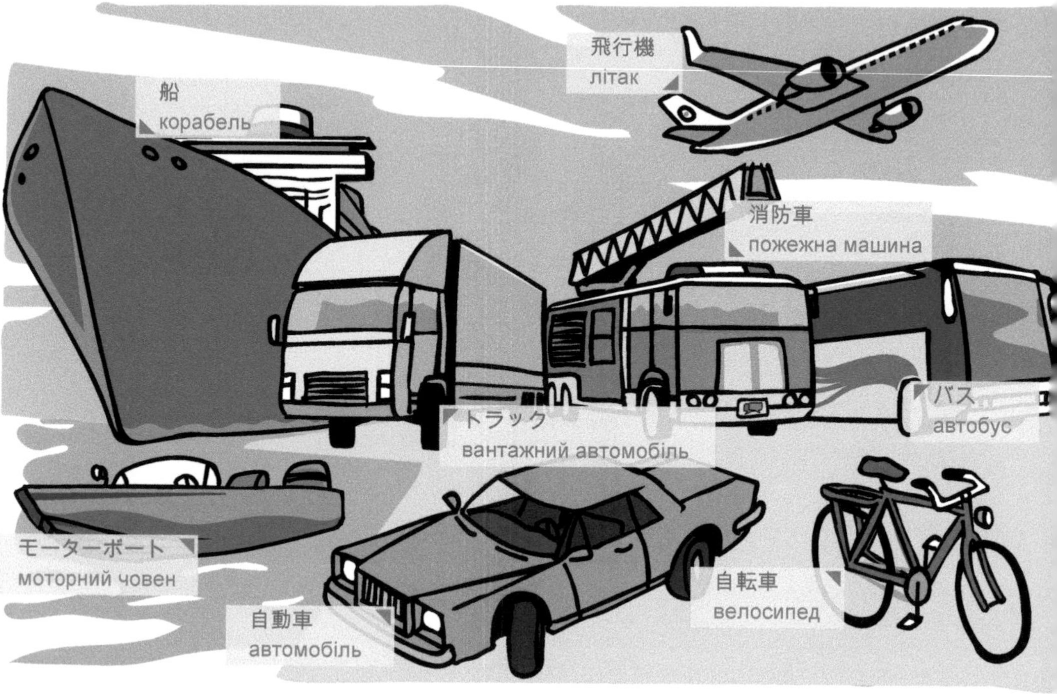

飛行機
літак
船
корабель
消防車
пожежна машина
トラック
вантажний автомобіль
バス
автобус
モーターボート
моторний човен
自転車
велосипед
自動車
автомобіль

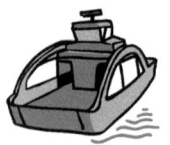

フェリー

пором

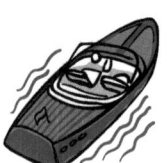

ボート

човен

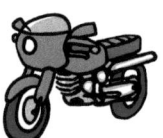

バイク

мотоцикл

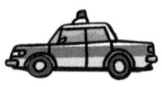

パトカー

поліцейська машина

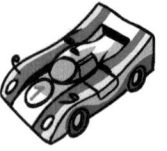

レーシングカー

гоночний автомобіль

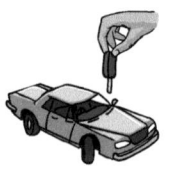

レンタカー

автомобіль на прокат

カーシェアリング

спільне користування авто

レッカー車

евакуатор

ごみ収集車

сміттєвоз

モーター

двигун

燃料

паливо

ガソリンスタンド

автозаправна станція

交通標識

дорожній знак

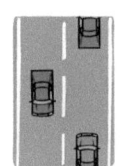

交通

рух

渋滞

затор

駐車場

стоянка

駅

вокзал

道

рейки

列車

потяг

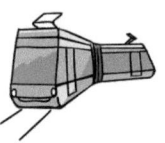

路面電車

трамвай

車両

вагон

ヘリコプター

гелікоптер

空港

аеропорт

タワー

вежа

乗客

пасажир

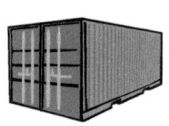

コンテナ

контейнер

段ボール箱

коробка

カート

візок

カゴ

кошик

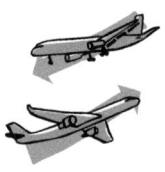

離陸 / 着陸

стартувати / приземлятися

都市

місто

村

село

都心

центр міста

家

дім

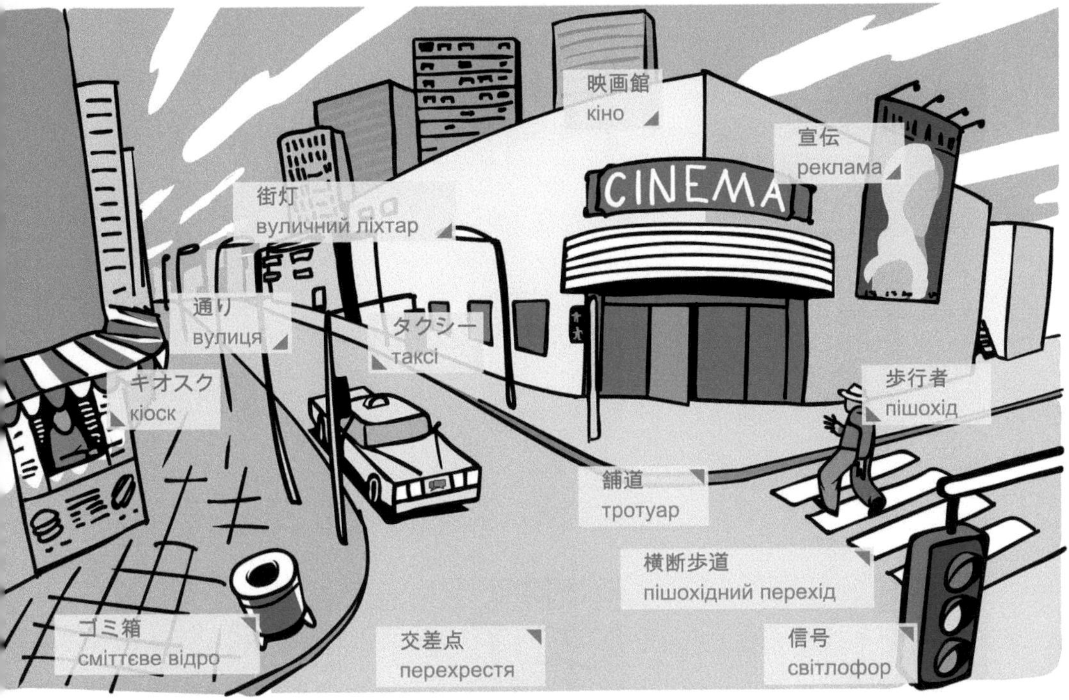

映画館
кіно

宣伝
реклама

街灯
вуличний ліхтар

通り
вулиця

タクシー
таксі

歩行者
пішохід

キオスク
кіоск

舗道
тротуар

横断歩道
пішохідний перехід

ゴミ箱
сміттєве відро

交差点
перехрестя

信号
світлофор

CINEMA

小屋

хатина

アパート

квартира

駅

вокзал

市役所

ратуша

美術館

музей

学校

школа

都市 - місто

大学

університет

銀行

банк

病院

лікарня

ホテル

готель

薬局

аптека

オフィス

офіс

書店

книжковий магазин

ショップ

магазин

花屋

квітковий магазин

スーパーマーケット

супермаркет

市場

ринок

デパート

універмаг

魚屋

торговець рибою

ショッピングセンター

торговельний центр

港

гавань

公園

парк

ベンチ

лава

橋

міст

階段

сходи

地下鉄

метро

トンネル

тунель

バス停

автобусна зупинка

バー

бар

レストラン

ресторан

ポスト

поштова скринька

道路標識

вулична табличка

パーキングメーター

лічильник паркування

動物園

зоопарк

スイミングプール

басейн

モスク

мечеть

農場

ферма

汚染

забруднення навколишнього середовища

墓地

кладовище

教会

церква

遊び場

дитячий майданчик

寺

храм

風景
ландшафт

葉
листок

道標
вказівний стовп

道
шлях

草地
луг

石
камінь

木
дерево

ハイカー
мандрівник

川
річка

草
трава

花
квітка

谷

долина

山

гора

湖

озеро

森

ліс

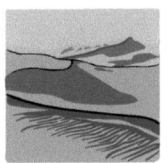

砂漠

пустеля

火山

вулкан

城

замок

虹

веселка

キノコ

гриб

ヤシの木

пальма

蚊

комар

ハエ

муха

蟻

мурашка

ミツバチ

бджола

クモ

павук

カブトムシ

жук

蛙

жаба

リス

вивірка

ハリネズミ

їжак

ウサギ

заєць

フクロウ

сова

鳥

птах

白鳥

лебідь

雄豚

кабан

鹿

олень

ヘラジカ

лось

ダム

гребля

風力タービン

вітряк

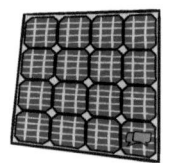

ソーラーパネル

сонячний модуль

気候

клімат

風景 - ландшафт

レストラン
ресторан

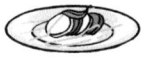

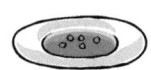

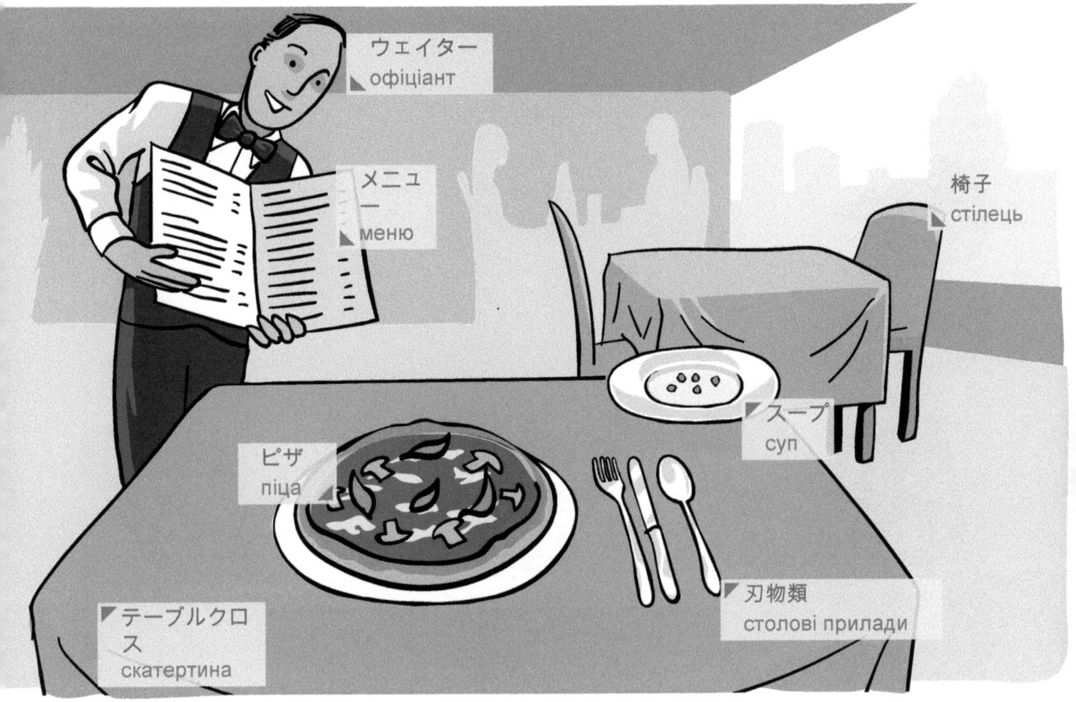

ウェイター
офіціант
メニュー
меню
椅子
стілець
スープ
суп
ピザ
піца
刃物類
столові прилади
テーブルクロス
скатертина

前菜

закуска

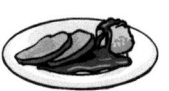

メインコース

друга страва

デザート

десерт

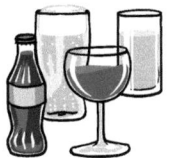

飲み物

напої

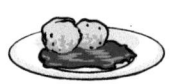

食べ物

їжа

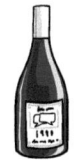

ボトル

пляшка

ファストフード

фаст-фуд

屋台の食べ物

вулична їжа

ティーポット

чайник

砂糖入れ

цукорниця

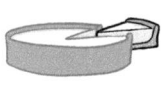

一人前

порція

エスプレッソマシン

еспресо-машина

幼児用食事椅子

високий стільчик

請求書

рахунок

トレー

піднос

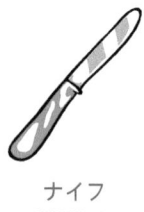

ナイフ

ніж

フォーク

вилка

スプーン

ложка

ティースプーン

чайна ложка

ナプキン

серветка

グラス

склянка

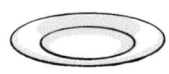

皿

тарілка

スープ皿

тарілка для супу

受け皿

блюдце

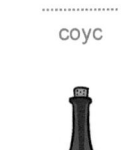

ソース

соус

塩入れ

солонка

ペッパーミル

млин для перцю

酢

оцет

油

масло

スパイス

спеції

ケチャップ

кетчуп

マスタード

гірчиця

マヨネーズ

майонез

スーパーマーケット

супермаркет

特価品
пропозиція
FOR
顧客
клієнт
乳製品
молочні продукти
果物
фрукти
ショッピング・カート
візок для покупок

BUTCHERS

肉屋

м'ясний магазин

BAKERY

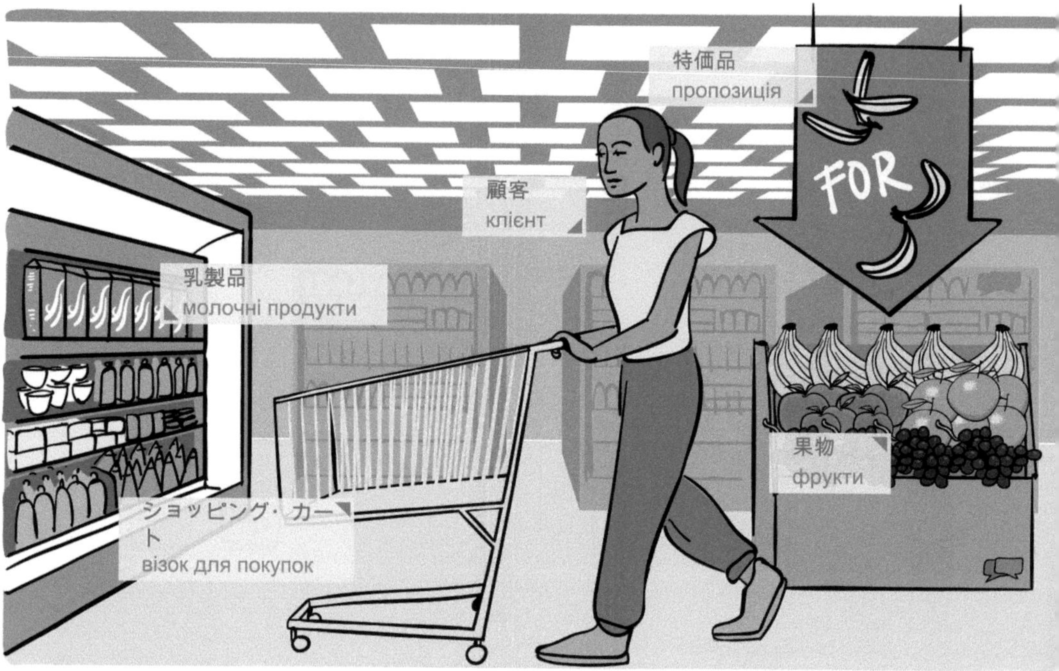

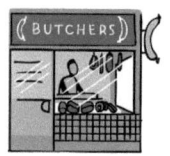

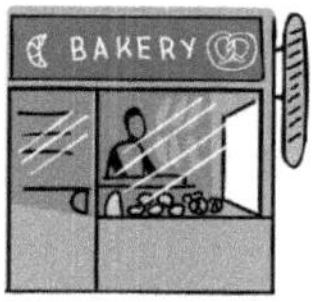

パン屋

пекарня

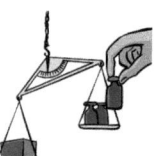

重さをはかる

зважувати

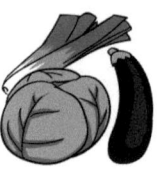

野菜

овочі

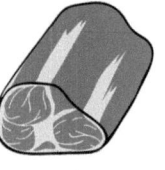

肉

м'ясо

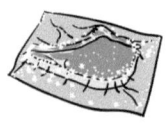

冷凍食品

заморожені продукти

冷肉の薄切り

ковбасна нарізка

缶詰食品

консерви

洗剤

пральний порошок

菓子

солодощі

家庭用品

предмети домашнього побуту

清掃用品

мийний засіб

販売員

продавщиця

現金箱

каса

レジ係

касир

買い物リスト

список покупок

開館時刻

часи роботи

財布

гаманець

クレジットカード

кредитна картка

バッグ

сумка

ポリ袋

поліетиленовий пакет

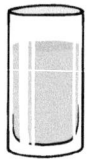

水

вода

ジュース

сік

牛乳

молоко

コーラ

кола

ワイン

вино

ビール

пиво

アルコール

алкоголь

ココア

какао

紅茶

чай

コーヒー

кава

エスプレッソ

еспресо

カプチーノ

капучіно

バナナ

банан

リンゴ

яблуко

オレンジ

апельсин

メロン

кавун

レモン

лимон

ニンジン

морква

ニンニク

часник

竹

бамбук

玉ねぎ

цибуля

キノコ

гриб

ナッツ

горішки

ヌードル

локшина

スパゲッティ

спагеті

米

рис

サラダ

салат

フライドポテト

картопля фрі

フライドポテト

смажена картопля

ピザ

піца

ハンバーガー

гамбургер

サンドウィッチ

бутерброд

カツレツ

шніцель

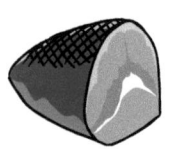

ハム

шинка

サラミ

салямі

ソーセージ

ковбаса

鶏肉

курка

焼き

печеня

魚

риба

麦のお粥

вівсяні пластівці

ムーズリ

мюслі

コーンフレーク

кукурудзяні пластівці

小麦粉

борошно

クロワッサン

круасан

ロールパン

булочка

パン

хліб

トースト

тостовий хліб

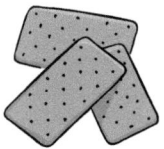

ビスケット

печиво

バター

масло

カッテージチーズ

сир

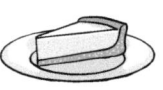

ケーキ

пиріг

卵

яйце

目玉焼き

яєчня

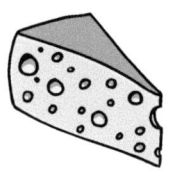

チーズ

сир

アイスクリーム

морозиво

砂糖

цукор

はちみつ

мед

ジャム

мармелад

ヌガークリーム

нуга-крем

カレー

карі

農場

ферма

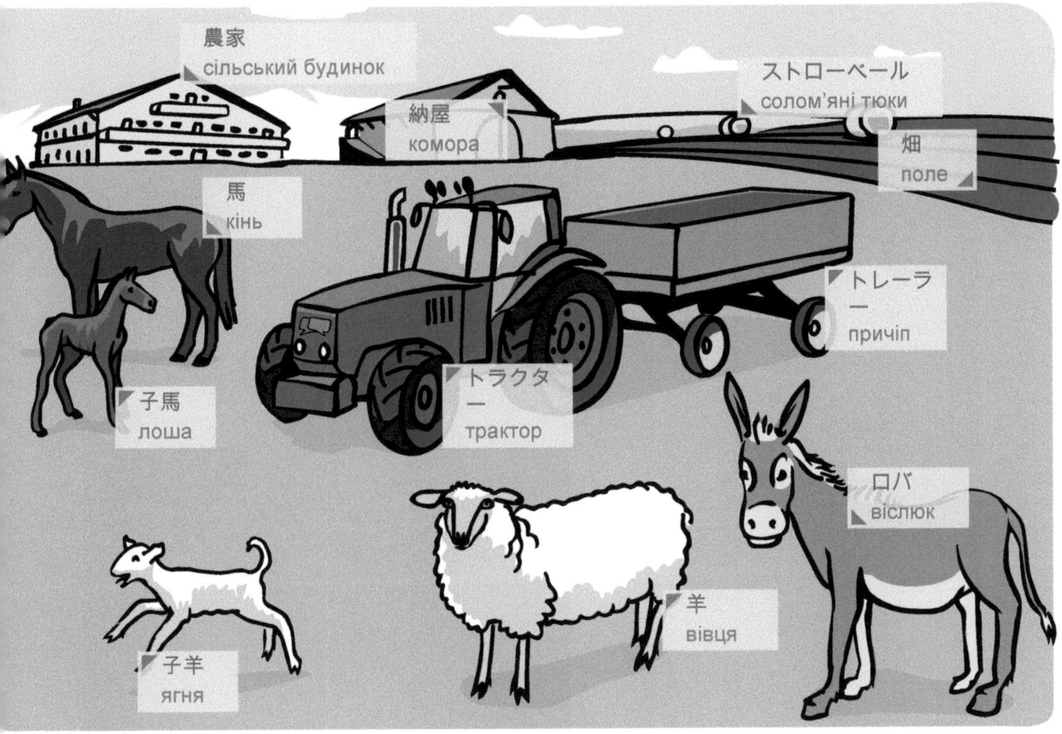

農家
сільський будинок
納屋
комора
ストローベール
солом'яні тюки
畑
поле
馬
кінь
トレーラー
причіп
子馬
лоша
トラクター
трактор
ロバ
віслюк
羊
вівця
子羊
ягня

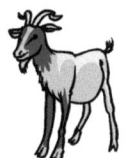

ヤギ

коза

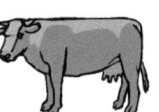

雌牛

корова

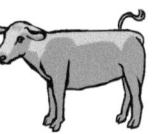

子牛

теля

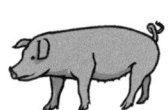

豚

свиня

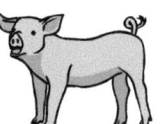

子豚

порося

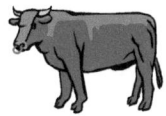

雄牛

бик

ガチョウ

гусак

アヒル

качка

ひよこ

курча

にわとり

курка

おんどり

півень

ネズミ

щур

猫

кіт

ねずみ

миша

雄牛

віл

犬

собака

犬小屋

собача будка

散水ホース

садовий шланг

じょうろ

лійка

大鎌

коса

すき

плуг

草刈り鎌

серп

くわ

мотика

堆肥用フォーク

вила

斧

сокира

手押し車

тачка

かいばおけ

корито

牛乳缶

бідон молока

袋

мішок

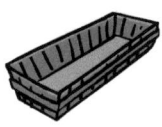

フェンス

паркан

畜舎

хлів

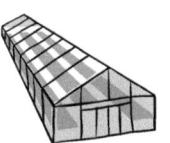

温室

теплиця

土壌

ґрунт

種

насіння

肥料

добриво

コンバイン

комбайн

収穫する

пожинати

収穫

урожай

ヤマイモ

корінь ямсу

小麦

пшениця

大豆

соя

じゃがいも

картопля

トウモロコシ

кукурудза

菜種

ріпак

果樹

плодове дерево

キャッサバ

маніок

穀物

злаки

煙突
димохід

屋根
дах

排水管
водостічний лоток

窓
вікно

車庫
гараж

呼び鈴
дзвінок

ドア
двері

ゴミ箱
відро для сміття

郵便受け
поштова скринька

庭
сад

リビングルーム

вітальня

浴室

ванна кімната

台所

кухня

寝室

спальня

子供部屋

дитяча кімната

ダイニング・ルーム

їдальня

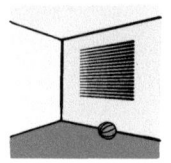

床

підлога

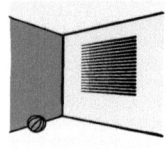

壁

стіна

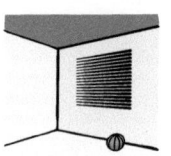

天井

стеля

地下貯蔵庫

підвал

サウナ

сауна

バルコニー

балкон

テラス

тераса

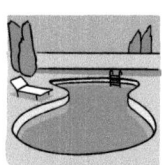

プール

басейн

芝刈り機

косарка

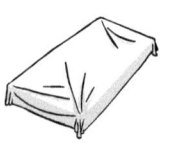

シーツ

простирало

ベッドカバー

ковдра

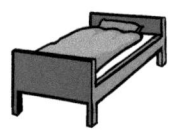

ベッド

ліжко

ほうき

мітла

バケツ

відро

スイッチ

перемикач

リビングルーム
вітальня

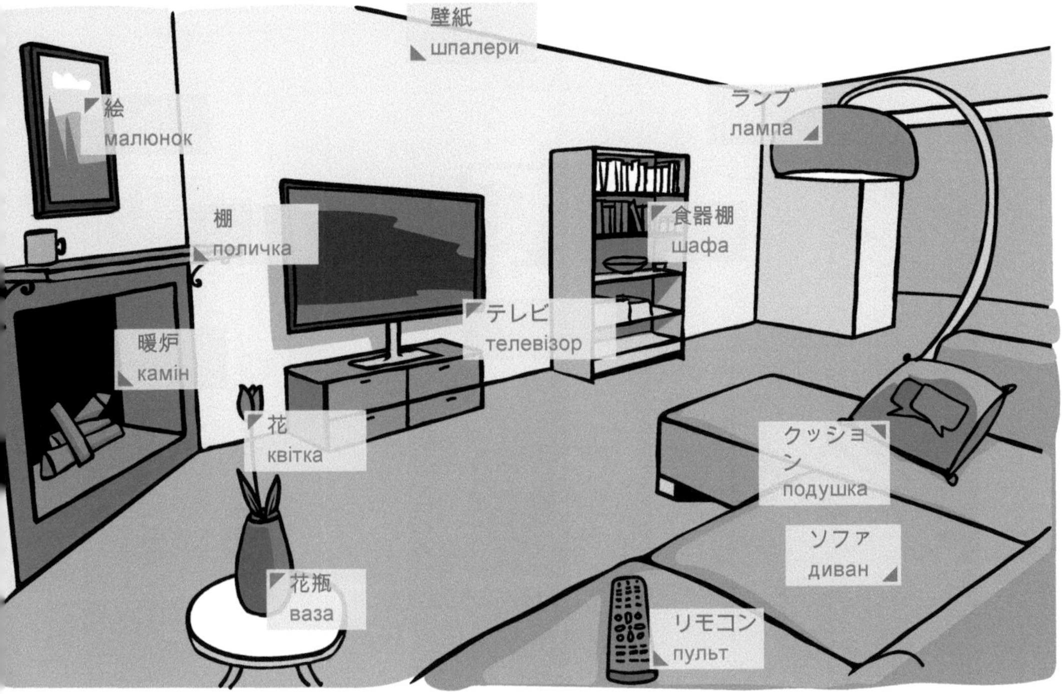
壁紙
шпалери
絵
малюнок
ランプ
лампа
棚
поличка
食器棚
шафа
テレビ
телевізор
暖炉
камін
花
квітка
クッション
подушка
ソファ
диван
花瓶
ваза
リモコン
пульт

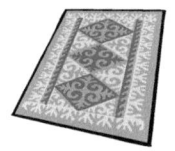

カーペット

килим

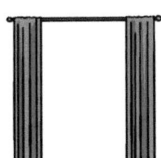

カーテン

завіса

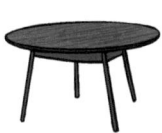

テーブル

стіл

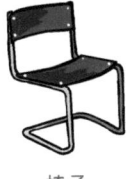

椅子

стілець

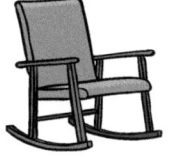

ロッキングチェア

крісло-гойдалка

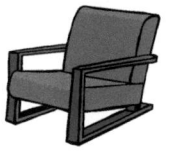

ひじ掛け椅子

крісло

本
книга

毛布
ковдра

飾り
прикраса

たきぎ
дрова

映画
фільм

ステレオ
стереосистема

鍵
ключ

新聞
газета

絵画
картина

ポスター
плакат

ラジオ
радіо

メモ帳
блокнот

掃除機
пилосос

サボテン
кактус

ろうそく
свічка

台所
кухня

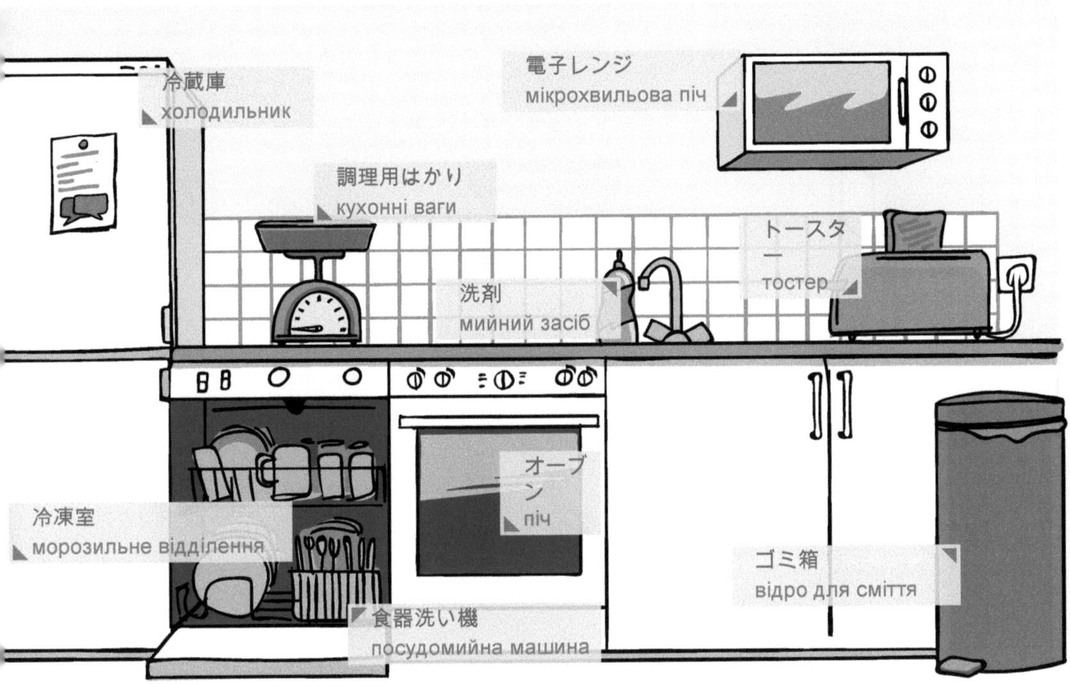

冷蔵庫
холодильник
電子レンジ
мікрохвильова піч
調理用はかり
кухонні ваги
トースター
тостер
洗剤
мийний засіб
オーブン
піч
冷凍室
морозильне відділення
ゴミ箱
відро для сміття
食器洗い機
посудомийна машина

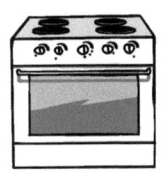

こんろ

плита

鍋

горщик

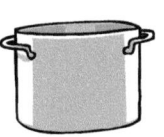

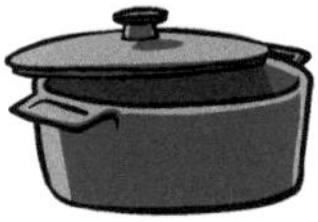

鉄鍋

чавунний горщик

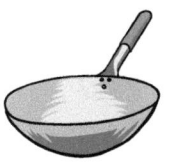

中華鍋/ カダイ鍋

вок / кадай

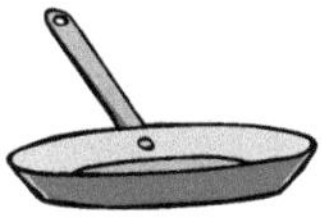

フライパン

сковорода

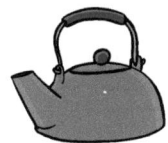

やかん

чайник

蒸し器

пароварка

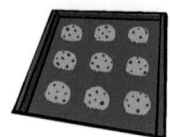

天板

лист

食器

посуд

マグカップ

кухоль

ボウル

чаша

箸

палички для їжі

おたま

черпак

へら

лопатка

泡立て器

вінчик для збивання

こし器

сито

ふるい

сито

すりおろし器

терка

すり鉢

ступка

バーベキュー

барбекю

かまど

багаття

まな板

дошка

麺棒

качалка

栓抜き

штопор

缶

конзерва

缶切り

відкривачка

鍋つかみ

прихватки

流し

раковина

ブラシ

щітка

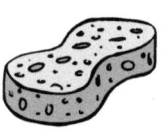

スポンジ

губка

ミキサー

міксер

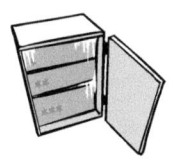

冷凍庫

морозильна камера

哺乳瓶

дитяча пляшка

蛇口

кран

浴室

ванна кімната

ヒーター
опалення
シャワー
душ
タオル
рушник
シャワーカーテン
душова завіса
泡風呂
пiниста ванна
浴槽
ванна
グラス
склянка
洗濯機
пральна машина
蛇口
кран
タイル
плитка
おまる
горшок
流し
раковина

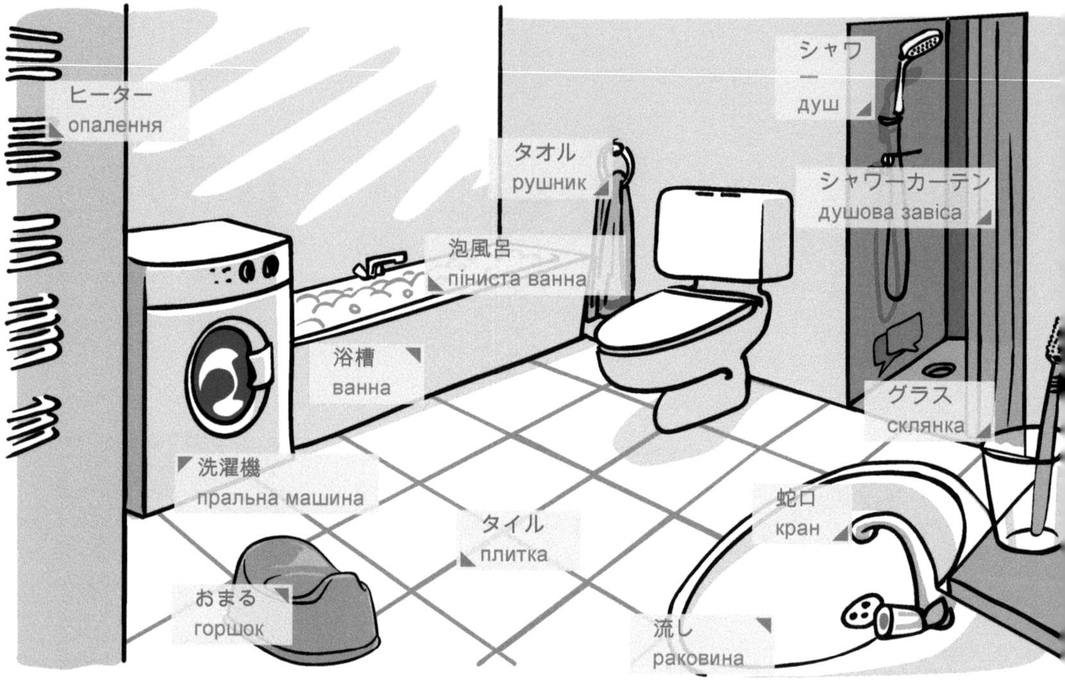

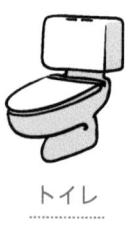

トイレ

туалет

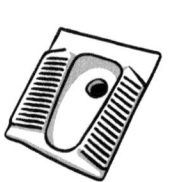

和式トイレ

підлоговий туалет

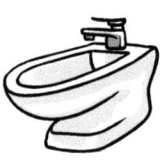

ビデ

біде

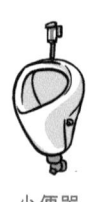

小便器

пісуар

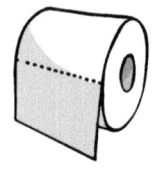

トイレットペーパー

туалетний папір

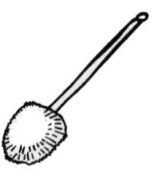

トイレブラシ

щітка для туалету

歯ブラシ

зубна щітка

歯みがき

зубна паста

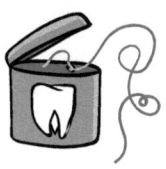

デンタルフロス

нитка для чищення зубів

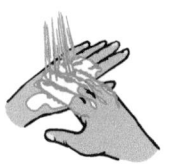

洗う

мити

シャワーヘッド

ручний душ

ハンドビデ

інтимний душ

洗面台

таз

ボディブラシ

щітка для спини

石鹸

мило

シャワー用ジェル

гель для душу

シャンプー

шампунь

浴用タオル

мочалка

排水口

водостік

クリーム

крем

消臭

дезодорант

鏡

дзеркало

手鏡

косметичне дзеркало

かみそり

бритва

シェービング・フォーム

піна для гоління

アフターシェーブローショ
ン

лосьйон після гоління

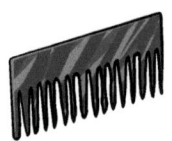

櫛

гребінь

ブラシ

щітка

ドライヤー

фен

ヘアスプレー

лак для волосся

化粧

косметика

口紅

губна помада

マニキュア

лак для нігтів

脱脂綿

вата

爪切り

ножиці для нігтів

香水

парфум

洗面用具入れ

косметичка

スツール

табурет

体重計

ваги

バスローブ

халат

ゴム手袋

гумові рукавички

タンポン

тампон

生理用ナプキン

гігієнічні прокладки

ケミカルトイレ

біотуалет

子供部屋

дитяча кімната

目覚まし時計
будильник
ぬいぐるみ
м'яка іграшка
おもちゃの自動車
іграшковий автомобіль
がらがら
брязкальце
ドール・ハウス
ляльковий будиночок
プレゼント
подарунок

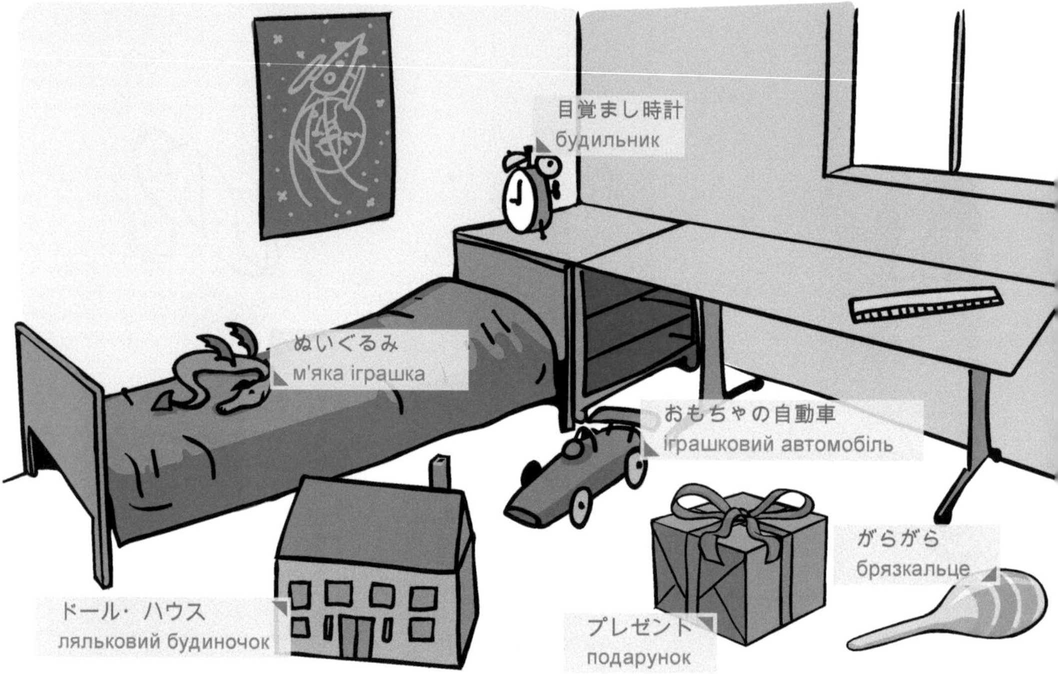

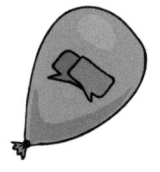

風船

повітряна кулька

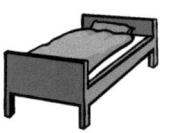

ベッド

ліжко

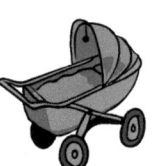

ベビーカー

дитячий візок

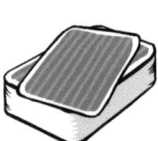

カードゲーム

картярська гра

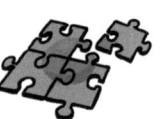

ジグソーパズル

пазл

漫画

комікс

レゴ

лего цеглинки

玩具ブロック

блоки

アクションフィギュア

іграшкова фігурка

ロンパース

повзунки

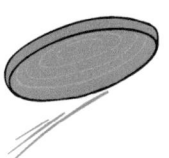

フリスビー

фризбі

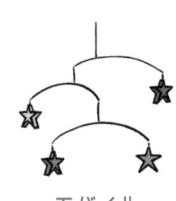

モバイル

мобіле

ボードゲーム

настільна гра

さいころ

кубик

鉄道模型

модель залізнична станція

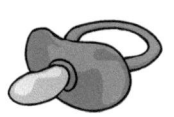

おしゃぶり

соска

パーティー

вечірка

絵本

книжка з картинками

ボール

м'яч

人形

лялька

遊ぶ

грати

子供部屋 - дитяча кімната

砂場

пісочниця

ブランコ

гойдалка

おもちゃ

іграшка

ゲーム機

гральна консоль

三輪車

триколісний велосипед

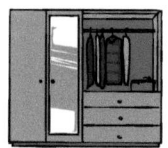

テディベア

плюшевий мішка

衣装ダンス

шафа

衣服

ОДЯГ

靴下

шкарпетки

ストッキング

панчохи

タイツ

колготки

スカーフ
шарф

雨傘
парасоля

Tシャツ
футболка

ベルト
ремінь

ブーツ
чоботи

スリッパ
домашнє взуття

スニーカー
кросівки

サンダル
сандалі

靴
взуття

ゴム長靴
гумові чоботи

パンツ
труси

ブラ
бюстгальтер

ベスト
нижня сорочка

衣服 - одяг

45

ボディースーツ

боді

ズボン

штани

ジーンズ

джинси

スカート

спідниця

ブラウス

блузка

シャツ

сорочка

セーター

пуловер

パーカー

светр

ブレザー

піджак

ジャケット

куртка

コート

пальто

レインコート

дощовик

服装

костюм

ドレス

сукня

ウェディングドレス

весільна сукня

スーツ

костюм

ナイトガウン

нічна сорочка

パジャマ

піжама

サリー

сарі

ヘッドスカーフ

головна хустка

ターバン

чалма

ブルカ

бурка

カフタン

кафтан

アバヤ

абая

水着

купальник

トランクス

плавки

半ズボン

шорти

スウェットスーツ

тренувальний костюм

エプロン

фартух

手袋

рукавички

ボタン

гудзик

メガネ

окуляри

ブレスレット

браслет

ネックレス

ланцюг

指輪

кільце

イヤリング

сережка

帽子

шапка

ハンガー

плічка

帽子

капелюх

ネクタイ

краватка

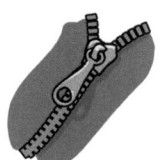

ファスナー

застібка-блискавка

ヘルメット

шолом

サスペンダー

підтяжки

制服

шкільна форма

ユニフォーム

уніформа

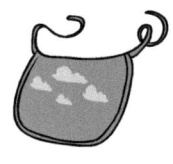

よだれかけ

нагрудник

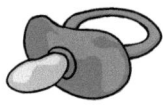

おしゃぶり

соска

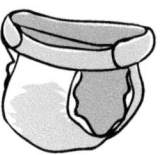

おむつ

підгузок

オフィス

офіс

サーバ
сервер
書類キャビネット
шаф для документів
紙
папір
プリンター
принтер
モニター
монітор
事務机
письмовий стіл
マウス
миша
フォルダー
папка
キーボード
синтезатор
ごみ箱
кошик для паперу
椅子
стілець
コンピューター
комп'ютер

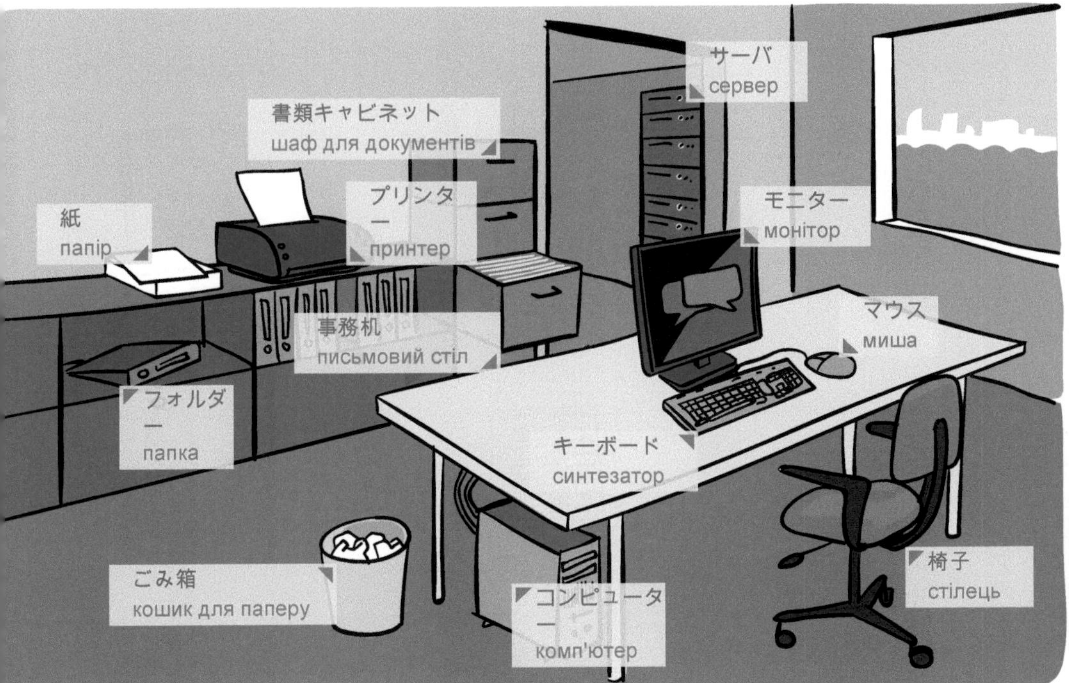

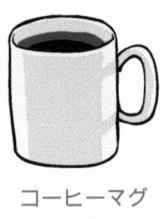

コーヒーマグ

кавовий кухоль

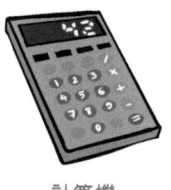

計算機

калькулятор

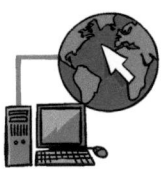

インターネット

інтернет

ラップトップ

ноутбук

手紙

лист

メッセージ

повідомлення

携帯電話

мобільний телефон

ネットワーク

мережа

コピー機

копіювальний пристрій

ソフトウェア

програмне забезпечення

電話

телефон

コンセント

розетка

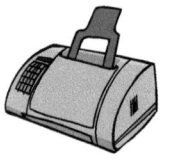

ファックス

факс

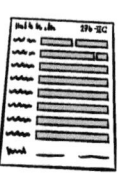

フォーム

бланк

書類

документ

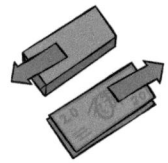

買う

купувати

支払う

платити

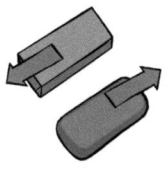

取引する

торгувати

お金

гроші

ドル

долар

ユーロ

євро

円

ієна

ルーブル

рубль

スイスフラン

франк

人民元

юанів женьміньбі

ルピー

рупія

キャッシュポイント

банкомат

両替所

обмінний пункт

金

золото

銀

срібло

油

нафта

エネルギー

енергія

価格

ціна

契約

контракт

税金

податок

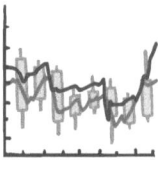

株

акція

働く

працювати

従業員

працівник

雇用主

роботодавець

工場

фабрика

ショップ

магазин

職業

професії

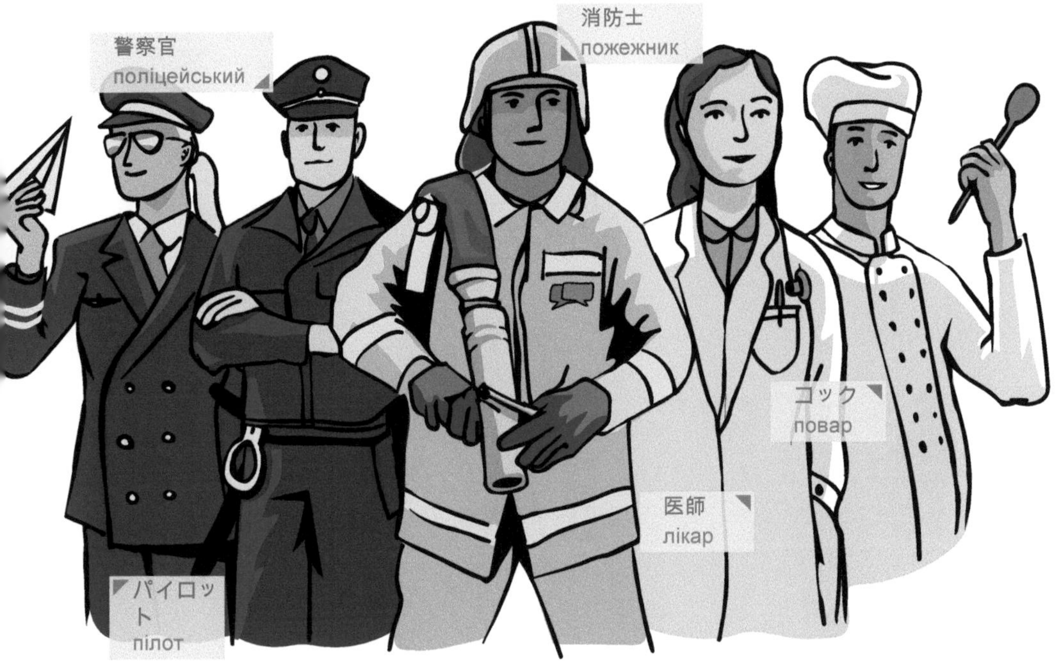

警察官
поліцейський
消防士
пожежник
コック
повар
医師
лікар
パイロット
пілот

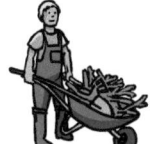

庭師

садівник

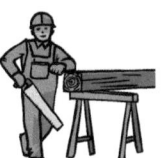

大工

столяр

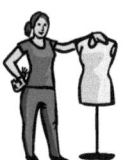

お針子

швачка

裁判官

суддя

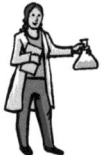

化学者

хімік

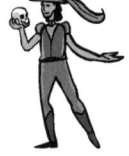

俳優

актор

バスの運転手

водій автобуса

タクシー運転手

таксист

漁師

рибалка

掃除婦

прибиральниця

屋根ふき職人

покрівельник

ウェイター

офіціант

ハンター

мисливець

塗装工

художник

パン屋

пекар

電気工

електрик

建設作業員

будівельник

エンジニア

інженер

肉屋

забійник

配管工

бляхар

郵便配達人

листоноша

軍人
солдат

建築家
архітектор

レジ係
касир

花屋
флорист

美容師
перукар

車掌
кондуктор

機械工
механік

キャプテン
капітан

歯科医
дантист

科学者
вчений

ラビ
рабин

イスラム導師
імам

修道士
монах

牧師
пастор

道具
інструменти

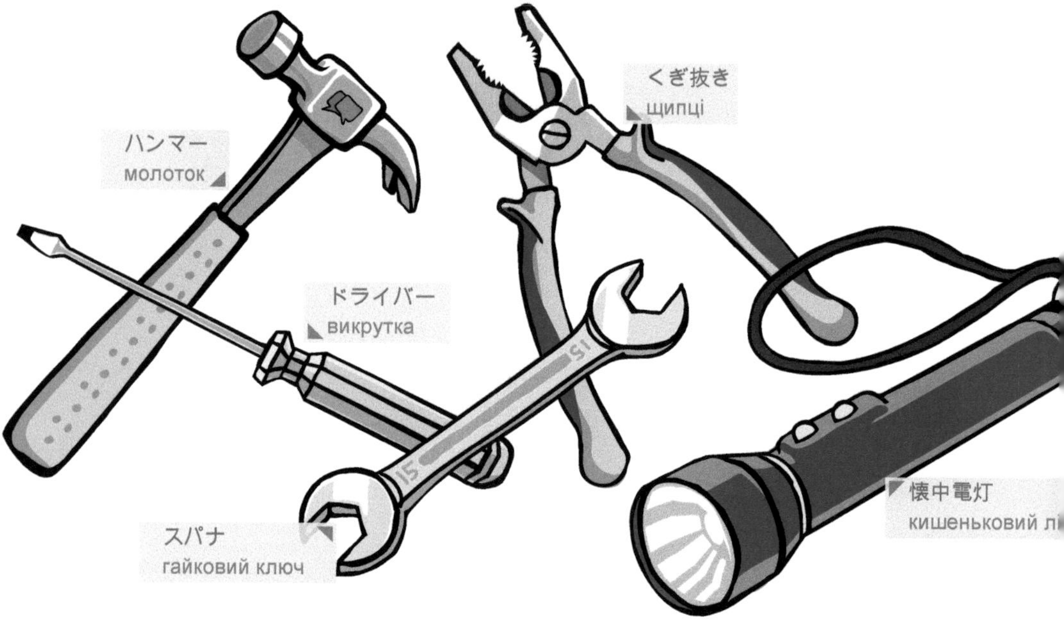
ハンマー
молоток
くぎ抜き
щипці
ドライバー
викрутка
スパナ
гайковий ключ
懐中電灯
кишеньковий л

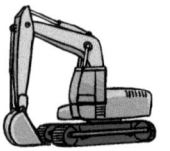

掘削機

екскаватор

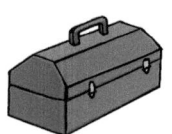

道具箱

ящик для інструментів

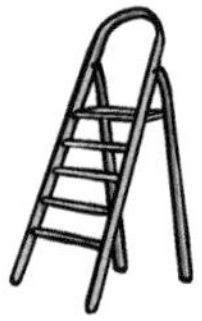

はしご

драбина

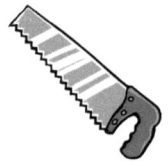

のこぎり

пилка

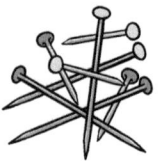

釘

цвяхи

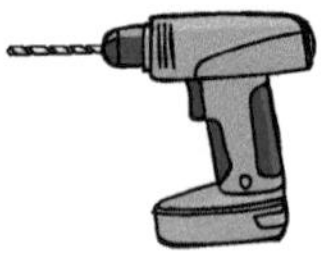

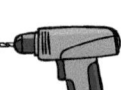

ドリル

свердло

修理する

ремонтувати

シャベル

лопата

クソ！

лайно!

ちりとり

совок

ペンキ缶

відро з фарбою

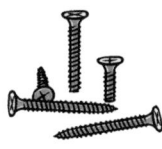

ネジ

гвинти

楽器
музичні інструменти

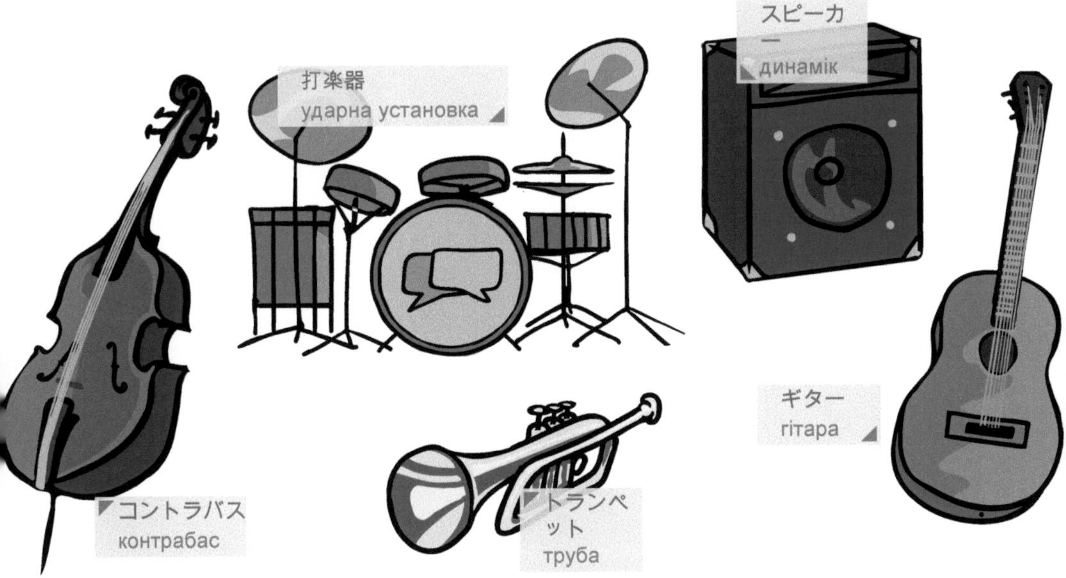

打楽器
ударна установка

スピーカ
динамік

コントラバス
контрабас

トランペット
труба

ギター
гітара

ピアノ

фортепіано

バイオリン

скрипка

バス

бас

ティンパニ

литаври

ドラム

барабан

キーボード

клавіатура

サックス

саксофон

フルート

флейта

マイクロフォン

мікрофон

虎
тигр

おり
клітка

シマウマ
зебра

飼料
корм

入口
вхід

パンダ
панда

動物

тварини

象

слон

カンガルー

кенгуру

サイ

носоріг

ゴリラ

горила

熊

ведмідь

ラクダ

верблюд

ダチョウ

страус

ライオン

лев

猿

мавпа

フラミンゴ

фламінго

オウム

папуга

白クマ

білий ведмідь

ペンギン

пінгвін

サメ

акула

クジャク

павич

蛇

змія

ワニ

крокодил

飼育係

працівник зоопарку

アザラシ

тюлень

ジャガー

ягуар

動物園 - зоопарк

ポニー

поні

ヒョウ

леопард

カバ

гіпопотам

キリン

жираф

鷲

орел

雄豚

кабан

魚

риба

亀

черепаха

セイウチ

морж

狐

лисиця

ガゼル

газель

アメフト
американський футбол

サイクリング
їзда на велосипеді

テニス
теніс

バスケットボール
ール
баскетбол

水泳
плавання

ボクシング
グ
бокс

アイスホッケー
ッケー
хокей

サッカー
футбол

バドミントン
бадмінтон

陸上競技
легка атлетика

ハンドボール
гандбол

スキー
лижні перегони

ポロ
поло

跳ぶ
стрибати

抱きしめる
обіймати

笑う
сміятися

歩く
йти

歌う
співати

祈る
молитися

キス
цілувати

夢見る
мріяти

書く
писати

描く
малювати

示す
показувати

押す
тиснути

与える
давати

取る
брати

持っている

мати

する

робити

ある

бути

立つ

стояти

走る

бігати

引く

тягнути

投げる

кидати

落ちる

падати

横たわっている

лежати

待つ

очікувати

運ぶ

носити

座る

сидіти

着る

одягати

眠る

спати

目が覚める

просипатися

見る

дивитися

泣く

плакати

なでる

гладити

櫛ですく

розчісувати

話す

розмовляти

理解する

розуміти

質問する

питати

聞く

слухати

飲む

пити

食べる

їсти

片づける

прибирати

愛する

любити

料理する

варити

運転する

їхати

飛ぶ

літати

活動 - дії

ヨットに乗る

йти під вітрилом

計算する

рахувати

読む

читати

学ぶ

вчитися

働く

працювати

結婚する

одружуватися

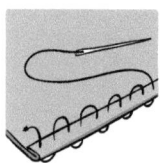

縫う

шити

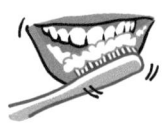

歯を磨く

чистити зуби

殺す

убивати

喫煙する

курити

送る

посилати

祖母
бабуся

祖父
дідуся

父
батько

母
мати

赤ん坊
немовля

娘
донька

息子
син

お客様

гість

おば

тітка

おじ

дядько

兄弟

брат

姉妹

сестра

体

тіло

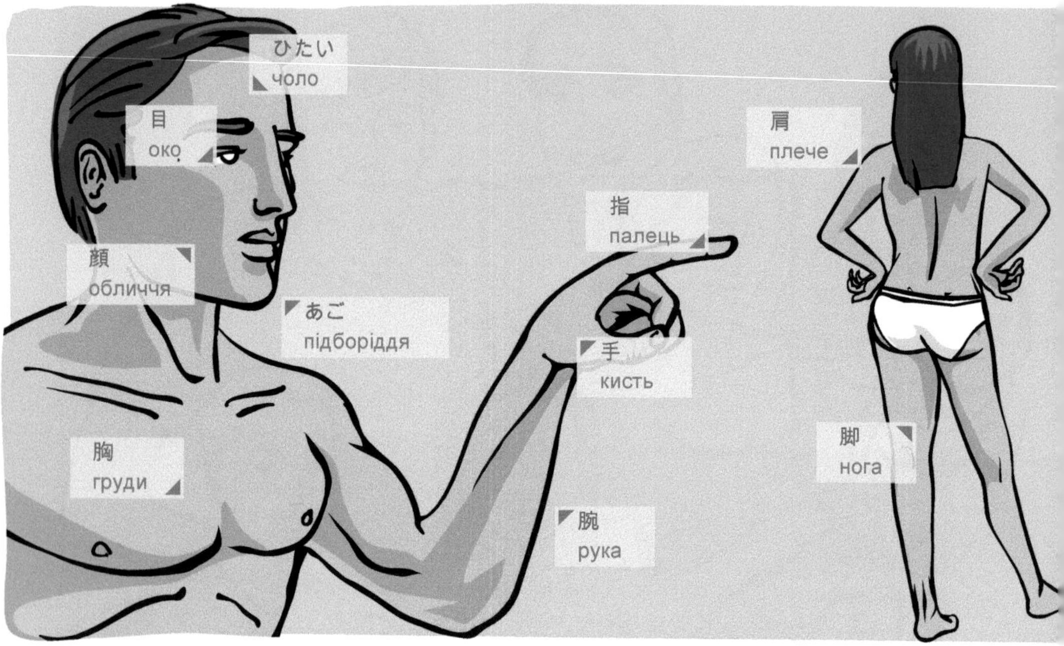

ひたい
чоло

目
око

顔
обличчя

あご
підборіддя

胸
груди

指
палець

手
кисть

腕
рука

肩
плече

脚
нога

赤ん坊
немовля

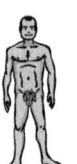

男性
чоловік

女性
жінка

少女
дівчина

少年
хлопчик

頭
голова

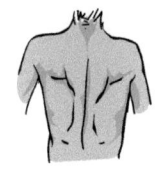

背中

спина

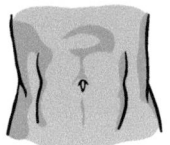

腹

живіт

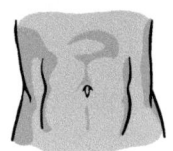

へそ

пуп

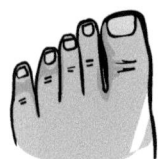

足指

палець ноги

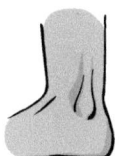

かかと

п'ята

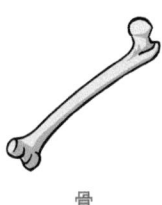

骨

кістка

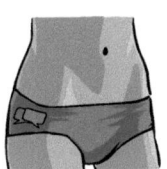

腰

стегно

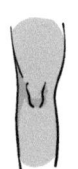

ひざ

коліно

ひじ

лікоть

鼻

ніс

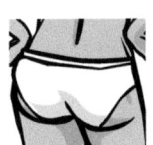

尻

сідниці

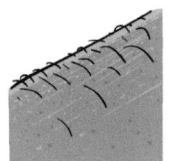

皮膚

шкіра

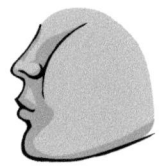

頬

щока

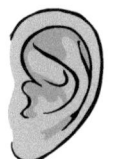

耳

вухо

唇

губа

体 - тіло

口
рот

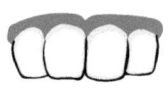

歯
зуб

舌
язик

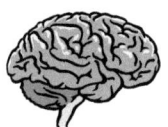

脳
мозок

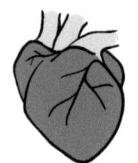

心臓
серце

筋肉
м'яз

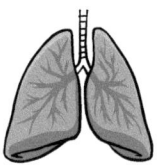

肺
легені

肝臓
печінка

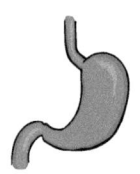

胃
шлунок

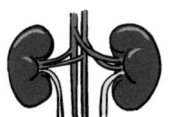

腎臓
нирки

セックス
статевий акт

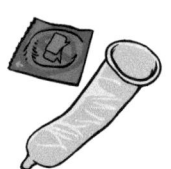

コンドーム
презерватив

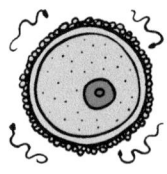

卵細胞
яйцеклітина

精液
сперма

妊娠
вагітність

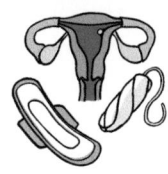

月経

メンストруація

膣

вагіна

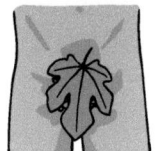

ペニス

пеніс

眉

брова

髪

волосся

首

шия

体 - тіло

病院
лікарня

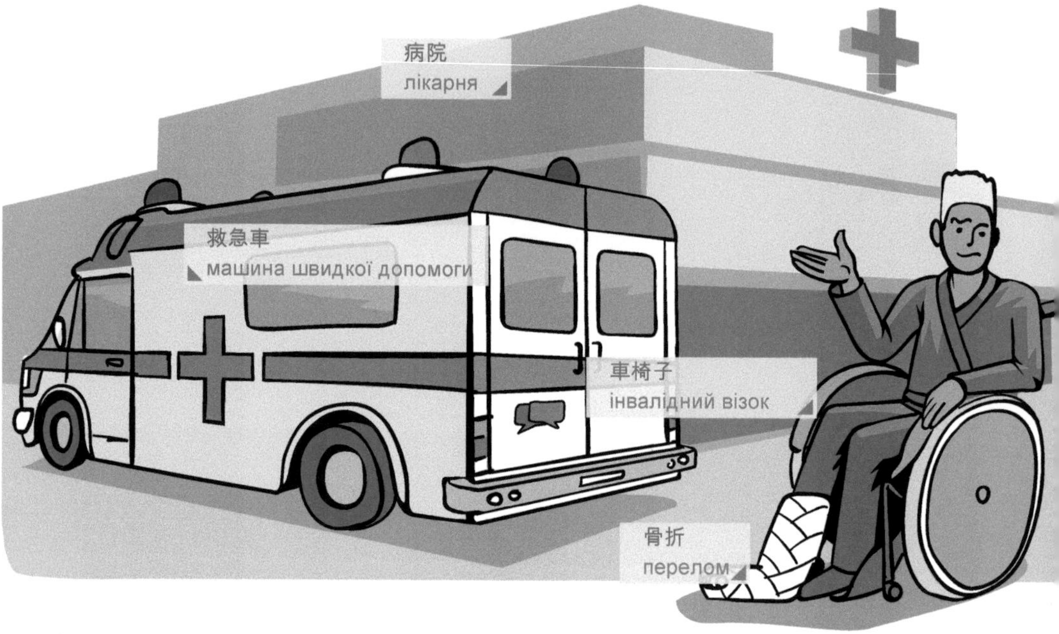

病院
лікарня
救急車
машина швидкої допомоги
車椅子
інвалідний візок
骨折
перелом

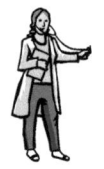

医師

лікар

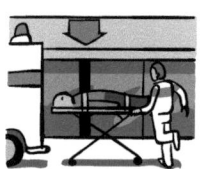

救急治療室

відділення швидкої медичної допомоги

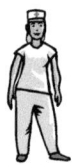

看護師

медсестра

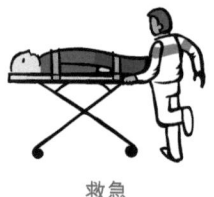

救急

аварійний випадок

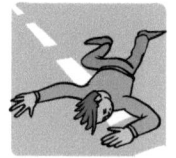

失神

непритомний

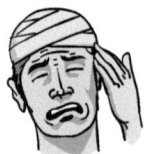

痛み

біль

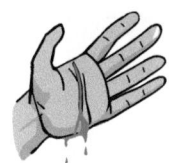

けが

травма

出血

кровотеча

心臓発作

інфаркт

脳卒中

інсульт

アレルギー

алергія

咳

кашель

熱

лихоманка

インフルエンザ

грип

下痢

пронос

頭痛

головна біль

癌

рак

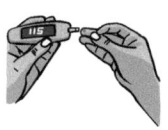

糖尿病

діабет

外科医

хірург

外科用メス

скальпель

手術

операція

病院 - лікарня

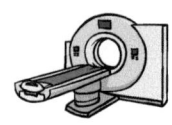

CT
КТ

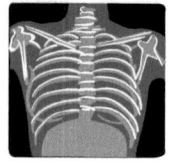

レントゲン
рентген

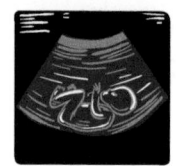

超音波
ультразвук

マスク
маска

病気
хвороба

待合室
зал очікування

松葉づえ
милиця

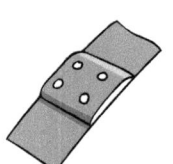

ばんそうこう
пластир

包帯
пов'язка

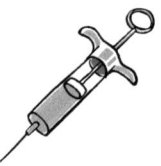

注射
ін'єкція

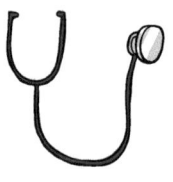

聴診器
стетоскоп

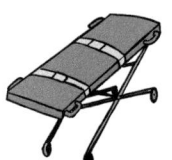

担架
ноші

体温計
термометр

出産
народження

肥満
надмірна вага

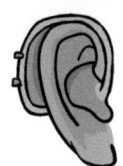

補聴器

слуховий апарат

消毒剤

дезінфікуючий засіб

感染

інфекція

ウイルス

вірус

HIV / エイズ

ВІЛ / СНІД

内服薬

медицина

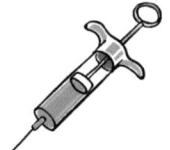

予防接種

вакцинація

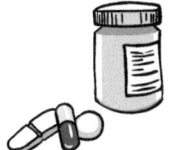

錠剤

таблетки

ピル

протизаплідна пігулка

緊急電話

екстрений виклик

血圧計

тонометр

病気の / 健康な

хворий / здоровий

助けて！

Допоможіть!

アラーム

сигнал тривоги

暴行

напад

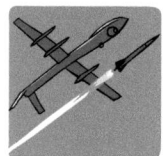

攻撃

атака

危険

небезпека

非常口

аварійний вихід

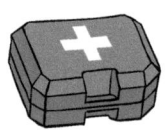

火事だ！

Вогонь!

消火器

вогнегасник

事故

аварія

救急箱

аптечка

SOS

СОС

警察

поліція

ヨーロッパ

Європа

北米

Північна Америка

南米

Південна Америка

アフリカ

Африка

アジア

Азія

オーストラリア

Австралія

大西洋

Атлантика

太平洋

Тихий океан

インド洋

Індійський океан

南極海

Антарктичний океан

北極海

Північний Льодовитий океан

北極

Північний полюс

南極
Південний полюс

南極大陸
Антарктика

地球
Земля

陸
суша

海
море

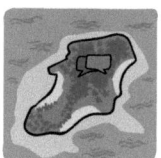

島
острів

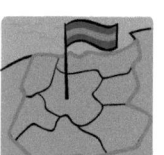

国家
нація

国家
держава

文字盤

циферблат

短針

годинникова стрілка

長針

хвилинна стрілка

秒針

секундна стрілка

何時ですか？

Котра година?

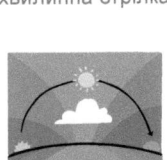

日

день

時間

час

現在

зараз

デジタル時計

цифровий годинник

分

хвилина

時間

година

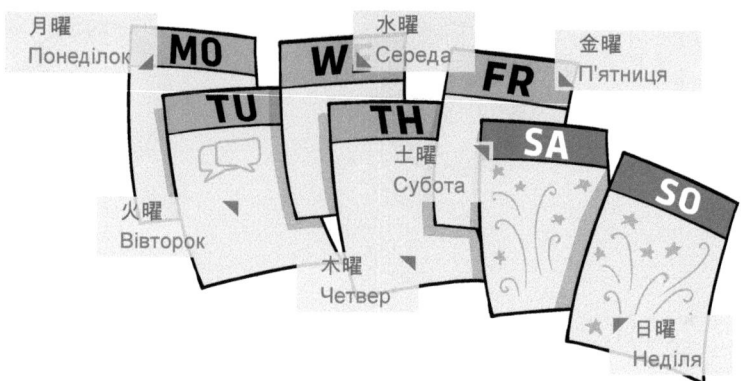

月曜 Понеділок
水曜 Середа
金曜 П'ятниця
火曜 Вівторок
木曜 Четвер
土曜 Субота
日曜 Неділя

昨日

вчора

今日

сьогодні

明日

завтра

朝

ранок

昼

опівдні

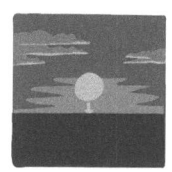

夜

вечір

MO	TU	WE	TH	FR	SA	SU
1	2	3	4	5	6	7
8	9	10	11	12	13	14
15	16	17	18	19	20	21
22	23	24	25	26	27	28
29	30	31	1	2	3	4

営業日

робочі дні

MO	TU	WE	TH	FR	SA	SU
1	2	3	4	5	6	7
8	9	10	11	12	13	14
15	16	17	18	19	20	21
22	23	24	25	26	27	28
29	30	31	1	2	3	4

週末

кінець робочого тижня

雨
▶ дощ

虹
веселка

風
вітер

雪
сніг

春
весна

夏
літо

秋
осінь

冬
зима

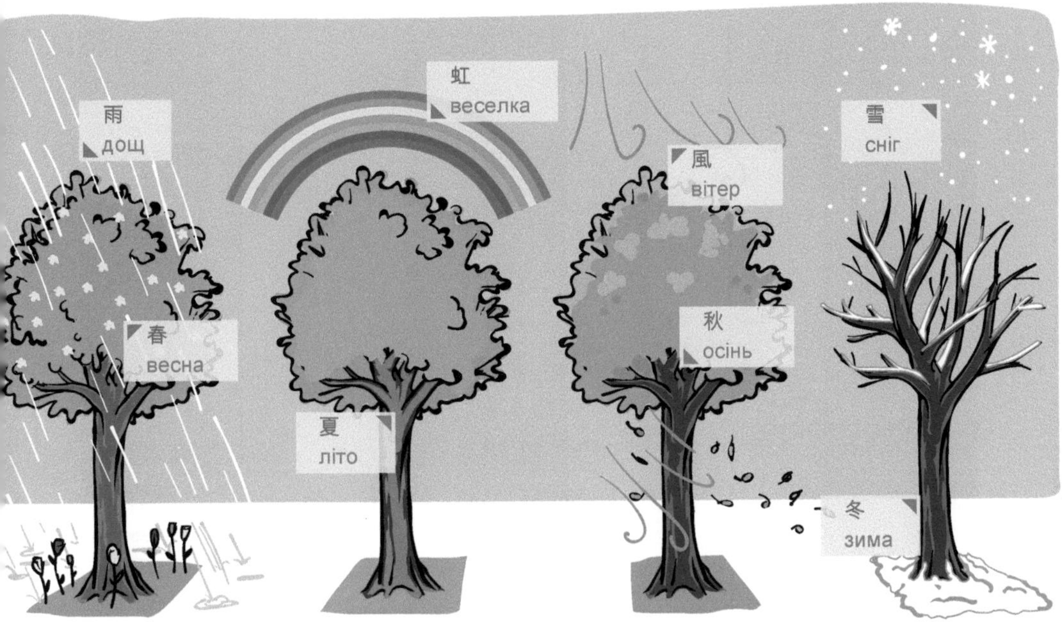

天気予報

прогноз погоди

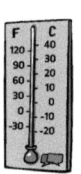

温度計

термометр

日差し

сонячне світло

雲

хмара

霧

туман

湿度

вологість повітря

雷

блискавка

雷

грім

嵐

шторм

ひょう

град

季節風

мусон

洪水

повінь

氷

лід

1月

Січень

2月

Лютий

3月

Березень

4月

Квітень

5月

Травень

6月

Червень

7月

Липень

8月

Серпень

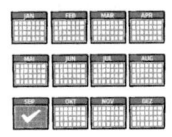

9月
....
Вересень

10月
....
Жовтень

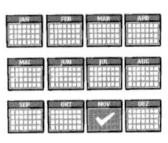

11月
....
Листопад

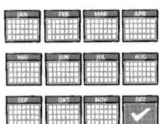

12月
....
Грудень

形

форми

円
....
круг

正方形
....
квадрат

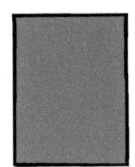

長方形
....
прямокутник

三角
....
трикутник

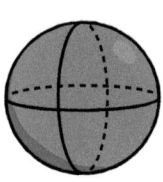

球
....
куля

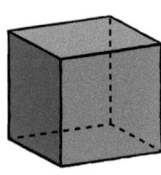

立方体
....
куб

白
....
білий

黄
....
жовтий

オレンジ
....
помаранчевий

ピンク
....
рожевий

赤
....
червоний

紫
....
фіолетовий

青
....
синій

緑
....
зелений

茶
....
коричневий

灰色
....
сірий

黒
....
чорний

多い ／ 少ない

багато / мало

怒っている /
落ち着いている
лютий / мирний

美しい ／ 醜い

гарний / бридкий

初め ／ 終わり

початок / кінець

大きい ／ 小さい

великий / малий

明るい ／ 暗い

світлий / темний

兄弟 ／ 姉妹

брат / сестра

清潔な / 汚い

чистий / брудний

完全な ／ 不完全な

завершений /
незавершений

日中 ／ 夜

день / ніч

死んだ ／ 生きている

мертвий / живий

幅広い ／ 狭い

широкий / вузький

食べられる　/
食べられない
їстівний / не їстівний

悪意のある　/　親切な
злий / дружній

興奮している　/
退屈している
збуджений / нудьгуючий

太った　/　痩せた
товстий / тонкий

最初に　/　最後に
спочатку / востаннє

友人　/　敵
друг / ворог

いっぱいの　/　空の
повний / порожній

硬い　/　柔らかい
жорсткий / м'який

重い　/　軽い
важкий / легкий

空腹　/　喉の渇き
голод / спрага

病気の　/　健康な
хворий / здоровий

違法な　/　合法な
незаконний / законний

賢い　/　愚かな
розумний / дурний

左に　/　右に
вліво / вправо

近い　/　遠い
поруч / далеко

新しい / 中古の

новий / використаний

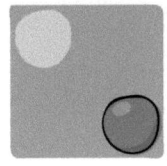

何もない / 何かある

нічого / щось

老いた / 若い

старий / молодий

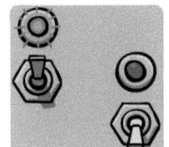

オン / オフ

вкл / викл

開いている /
閉まっている

відкрито / закрито

静かな / うるさい

тихо / гучно

裕福な / 貧乏な

багатий / бідний

正しい / 間違っている

правильно / неправильно

粗い / なめらか

шорсткий / гладкий

悲しい / 幸せな

сумний / щасливий

短い / 長い

короткий / довгий

ゆっくり / 速い

повільно / швидко

濡れた / 乾いた

вологий / сухий

温かい / 冷たい

гарячий / холодний

戦争 / 平和

війна / мир

反対 - протилежності

0

ゼロ

нуль

1

1

один

2

2

два

3

3

три

4

4

чотири

5

5

п'ять

6

6

шість

7

7

сім

8

8

вісім

9

9

дев'ять

10

10

десять

11

11

одинадцять

12

12
....
дванадцять

13

13
....
тринадцять

14

14
....
чотирнадцять

15

15
....
п'ятнадцять

16

16
....
шістнадцять

17

17
....
сімнадцять

18

18
....
вісімнадцять

19

19
....
дев'ятнадцять

20

20
....
двадцять

100

100
....
сто

1.000

1000
....
тисяча

1.000.000

100万
....
мільйон

英語

англійська

アメリカ英語

американська англійська

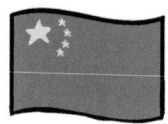

中国標準語

китайська
високочиновницька

ヒンディー語

хінді

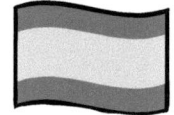

スペイン語

іспанська

フランス語

французька

アラビア語

арабська

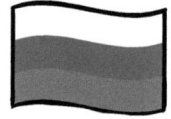

ロシア語

російська

ポルトガル語

португальська

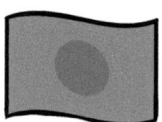

ベンガル語

бенгальська

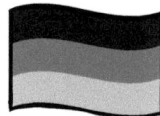

ドイツ語

німецька

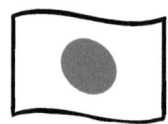

日本語

японська

私

я

あなた

ти

♂ ♀ ⚲

彼 / 彼女 / それ

він / вона / воно

私たち

ми

あなたたち

ви

彼ら

вони

誰？

хто?

何？

що?

どうやって？

як?

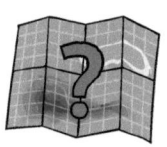

どこ？

де?

いつ？

коли?

名前

ім'я

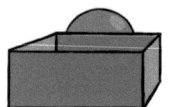

後ろ

ззаду

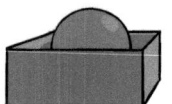

中

в

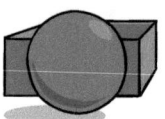

前

перед

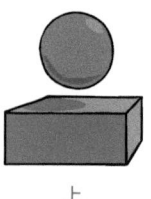

上

над

上

на

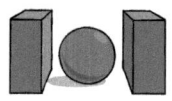

下

під

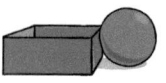

横

біля

間

між

場所

місце